Erst ich ein Stück, dann du

Patricia Schröder

Eine Burg für Ritter Rudi

Erst ich ein Stück, dann du

Patricia Schröder

Eine Burg für Ritter Rudi

Mit Illustrationen von Karsten Teich

cbj

Bei diesem Buch wurden die durch das verwendete Material und die Produktion entstandenen CO_2-Emissionen ausgeglichen, indem der cbj Verlag ein Projekt zur Aufforstung in Brasilien unterstützt. Weitere Informationen zu dem Projekt unter:
www.ClimatePartner.com/14044-1912-1001

Penguin Random House
Verlagsgruppe FSC® N001967

1. Auflage 2021
© 2021 cbj Kinder- und Jugendbuchverlag
in der Penguin Random House Verlagsgruppe GmbH,
Neumarkter Str. 28, 81673 München
Alle Rechte vorbehalten
Erstmals erschienen 2008 bei cbj unter der ISBN 978-3-570-13547-1
„Erst ich ein Stück"-Konzept: Patricia Schröder
Umschlagbild und Innenillustrationen: Karsten Teich
Umschlagkonzeption: semper smile Werbeagentur GmbH, München
hf · Herstellung: bo
Reproduktion: Lorenz & Zeller, Inning a.A.
Druck: Alföldi Nyomda Zrt., Debrecen
ISBN 978-3-570-17832-4
Printed in Hungary

www.cbj-verlag.de

 Dieses Buch ist auch als E-Book erhältlich.

Inhalt

Langeweile   7

Seltsamer Besuch   15

Das Abenteuer beginnt   22

Auf der Flucht   29

In der Drachenhöhle   37

Fräulein Flitterbart   42

Der Blumentrick   50

Ein ungewöhnlicher Kampf   56

Rettung aus dem Wald   63

Eine Burg für alle   68

Langeweile

Ein ohrenbetäubendes Schnarchen erschütterte das Burgverlies.

„Chrrr Chrrr Chrrr tjapüüüh tjapüüüh tjapitjepüüüh!",
dröhnte es aus Ritter Rudis Rachen. Er lag mit ausgebrei-
teten Armen und weit offen stehendem Mund rücklings im
Stroh und holte tief und rasselnd Luft. Dann ging es wieder
von vorne los. „Chrrr Chrrr Chrrr tjapüüüh tjapüüüh
tjapitjepüüüh!"

Esel Ignotus lag unmittelbar neben ihm. Auch er zog eine
Schlafposition auf dem Rücken vor, das Maul nach oben
gestreckt und die Hufe über dem Bauch entspannt an-
gewinkelt.

„Du schläfst wie ein Kaninchen", sagte Rudi immer.

„Und du wie ein schlecht geöltes Kanonenrohr", erwiderte
Ignotus dann.

Heute schliefen sie besonders lange.

Denn heute war Sonntag.

Sonntags hatte Rudi nichts zu tun.

Er musste kein Heu holen.

Er musste nicht nach dem Rechten sehen.

Und er musste auch sonst nichts.

Den ganzen Tag gab es

nichts als Langeweile.

Irgendwann am späten Nachmittag drehte Ritter Rudi sich auf den Bauch. Sein Kinn wurde ins Stroh gedrückt und sein Mund automatisch geschlossen. Ritter Rudi konnte nicht mehr schnarchen. Sein Brustkorb blähte sich mächtig auf und sein kugelrunder Kopf lief dunkelrot an.

Plötzlich war er hellwach.

„Hilfe!", schrie er.

Mit einem Satz sprang er auf die Füße.

Er fasste sich an den Hals,

verdrehte die Augen und röchelte.

„Hilfe! Ignotus! Ich ersticke."

Der Esel streckte seine Beine kerzengerade in die Luft und rekelte sich. Anschließend kullerte er so lange hin und her, bis er genug Schwung hatte, um auf die Hufe zu kommen. Er schüttelte sich und nickte dreimal mit dem Kopf, dann erst öffnete er seine Augen.

„Du erstickst jeden Sonntag", sagte er gelangweilt. „Seit dreiunddreißig Jahren, und bisher ist noch nie etwas passiert."

„Wirklich nicht?", fragte Ritter Rudi.

Er ließ die Hände sinken

und sah Ignotus verwundert an.

„Ich bin noch nie erstickt?"

„Wirklich nicht", bestätigte der Esel. „Du lebst doch noch. Oder etwa nicht?"

Ritter Rudi ließ sich auf einen Strohballen sinken und blickte trübselig vor sich hin. „Glaub schon", meinte er schließlich. „Es ist nur … Mir ist sonntags immer so schrecklich langweilig."

„Das kommt daher, dass du sonntags immer so lange schläfst", erklärte Ignotus seinem Herrn. „Irgendwann wird dein Rücken ganz steif vom langen Liegen und du drehst dich auf den Bauch. Dann kannst du nicht mehr schnarchen …"

„Ich schnarche nicht",

sagte Ritter Rudi entrüstet.

„Ich schnarche sogar nie."

„… und hast das Gefühl zu ersticken", fuhr Ignotus unge-
rührt fort.

Ritter Rudi schwieg. Er ließ sich auf einen Strohballen
sinken und betrachtete seine großen Füße, die aus den
ausgefransten Enden seiner löchrigen Schlafanzughose
hervorschauten.

„Was soll ich sonntags denn sonst tun?", fragte er traurig.

„Die Burg fegen", schlug Ignotus vor.

Ritter Rudi schüttelte den Kopf. „Wozu das?"

„Nun ja, falls mal jemand vorbeikommt", erwiderte der
Esel.

„Hier ist seit zwanzig Jahren niemand mehr vorbeige-
kommen", sagte Ritter Rudi. „Meine Burg liegt einfach viel
zu weit weg von allem."

„Dann brauchst du wohl eine neue", meinte Ignotus
gähnend. Er bog seinen Rücken durch und reckte gähnend
den Hals.

Ritter Rudi sah den Esel nachdenklich an. „Vielleicht hast
du recht", meinte er. „Vielleicht ist das gar keine so schlechte
Idee. Obwohl …"

„Obwohl was?", fragte Ignotus.

„Na ja", meinte Ritter Rudi.

„Eine neue Burg suchen,

kann sehr gefährlich sein."

„Warum das?", fragte der Esel.

„Weil wir neue Länder erobern, Königsheere besiegen, gegen Drachen kämpfen und die Gunst eines Burgfräuleins gewinnen müssen", sagte Ritter Rudi.

Ignotus bleckte die Zähne. „Das klingt doch sehr spannend", sagte er. „Worauf warten wir also noch?"

Ritter Rudi blickte an sich herab. „Ich denke, ich brauche eine Rüstung", sagte er.

„Gut." Ignotus scharrte mit den Hufen. „Dann suchen wir jetzt eine."

Ritter Rudi war ein wenig unschlüssig. Er hatte schon seit Ewigkeiten keine Rüstung mehr getragen und völlig vergessen, ob er überhaupt eine besaß.

„Vielleicht sollten wir mal oben in der Burg nachschauen", meinte er und deutete zur Decke des Verlieses.

„Iiaaah!", machte Ignotus.

„Dann mal nix wie los!"

Der Esel trat in den finsteren Gang.

Ritter Rudi folgte ihm bis zur Treppe.

Nacheinander stiegen sie hinauf

und Ritter Rudi öffnete die schwere Holztür.

„Du hast aber wirklich schon lange nicht mehr gefegt", stellte Ignotus fest.

Der Boden des Rittersaales und die lange Tafel waren von einer dicken Staubschicht bedeckt und zwischen den

Wandleuchten hingen große Spinnennetze. Unzählige
Mäuse huschten von einer Ecke in die andere.
Ritter Rudi nickte. „Ich habe eben lieber mit dir zusammen
im Verlies gewohnt", sagte er kleinlaut. „Das war irgendwie
gemütlicher."
„Und weniger einsam", meinte Ignotus.

Wieder nickte Ritter Rudi.

Eine dicke Träne quoll

aus seinem Auge,

kullerte über

seine Wange

und tropfte auf den

Steinboden.

„Sieh mal!",

freute sich der Esel.

„Die Stelle ist jetzt

ganz sauber."

Ritter Rudi hatte aber keine Lust, die ganze Burg staubfrei zu heulen. Er schnäuzte sich die Nase in seinem Schlafanzugärmel und steuerte die Rüstung an, die neben dem Eingang des Rittersaales stand.

„Die ist zu groß", sagte Ignotus.

Also trotteten sie weiter.

Sie suchten in der Küche und in sämtlichen Kammern, doch sie fanden keine andere Rüstung.
„Vielleicht sollten wir mal draußen nachsehen", schlug der Esel vor.
„Im Schlafanzug?" Ritter Rudi schüttelte den Kopf.
„Aber hier ist doch weit und breit kein Mensch", erwiderte Ignotus. „Das hast du eben selber noch gesagt."
„Trotzdem", sagte Ritter Rudi. „Man geht nicht im Schlafanzug vor die Tür."
„Gut", meinte Ignotus. „Dann suche ich eben alleine weiter."

„Vielen Dank", sagte Ritter Rudi.

Er öffnete die große Eisentür

und der Esel trat ins Sonnenlicht hinaus.

Seltsamer Besuch

Während Ritter Rudi in seinem Schlafanzug im Türrahmen lehnte, trabte Ignotus in den Burghof hinaus. Er spazierte an der Mauer entlang und blickte durch jede einzelne Schießscharte. Schließlich kehrte er mit hängendem Kopf zu Ritter Rudi zurück.

„Nichts", sagte er. „Keine Rüstung, kein Schwert, kein gar nichts. Nur Burghofsteine und dahinter weite grüne Landschaften."

„Hm?" Ritter Rudi kratzte sich am Kopf. „Vielleicht sollte ich die Zugbrücke herunterlassen", überlegte er.

„Und dann?", fragte der Esel. „Hinter der Zugbrücke ist doch auch nichts weiter als grüne Landschaft." Er musterte seinen Herrn von oben bis unten. „Eigentlich könntest du gleich im Schlafanzug losreiten."

„Und dann?", fragte jetzt Ritter Rudi.

„Dann suchen wir eine Schmiede."

„Und dann?", fragte Ritter Rudi.

„Dann bestelle ich dir eine Rüstung",

sagte Ignotus.

„Und wer nimmt meine Maße?",

fragte Ritter Rudi.

„Ich natürlich", sagte er Esel.

Er ging ein paar Schritte zurück
und kniff ein Auge zu.
Dann musterte er seinen Herrn
noch einmal.
Von oben bis unten
und von rechts nach links.
Danach trabte er um ihn herum.

„Hm", meinte Ignotus. „Zwölf Eselshufe hoch, fünf Eselshufe breit, Armlänge vier Eselshufe, Beinlänge fünf Eselshufe, Kopflänge und Kopfbreite jeweils zweieinhalb Eselshufe."

„Bist du sicher?", fragte Ritter Rudi zweifelnd.

„Total sicher", sagte Ignotus.

„Gut, dann lasse ich jetzt die Zugbrücke herunter."

Entschlossen durchschritt Ritter Rudi den Burghof. Die Zugbrücke war genau gegenüber dem Burgtor in die Mauer gebaut und mit einer schweren Eisenkette gesichert.

Ritter Rudi löste das unterste Glied aus dem Haken. Die Kette wirbelte rasselnd von der Trommelrolle und die Brücke donnerte mit lautem Gepolter zu Boden.

Entsetzt legte Ignotus die Ohren an.

Er guckte sehr gequält.

Doch Ritter Rudi kümmerte

sich nicht darum.

Er trat auf die Brücke und sah sich um.

Auf der anderen Seite des Burggrabens

stand eine Rüstung.

„Guten Tag", sagte sie

und lupfte den Helm.

„Guten Tag", sagte Ritter Rudi. Er war sehr erfreut, dass mal jemand zu Besuch kam.

Doch dann fielen ihm der viele Staub auf der Rittertafel, die Spinnweben an den Wandleuchtern und der löcherige Schlafanzug wieder ein.

„Tut mir leid", sagte er deshalb. „Aber ich habe leider keine Rüstung."

„Das trifft sich gut", erwiderte die Rüstung. „Ich habe nämlich keinen Ritter."

Sie lupfte abermals ihren Helm, nahm ihn diesmal allerdings ganz herunter. Dort, wo nun eigentlich der Kopf eines Ritters hätte zum Vorschein kommen müssen, war nichts als grüne Landschaft.

„Oh!", rief Ritter Rudi.

Und noch einmal: „Oh!"

„Darf ich bitte reinkommen?",

fragte die Rüstung.

„Ja, natürlich", erwiderte Ritter Rudi.

Er trat einen Schritt zur Seite

und verbeugte sich leicht.

Es schepperte und klapperte zum Gotterbarmen, als die Rüstung in den Burghof stakste.

„Ich bitte vielmals um Entschuldigung", sagte sie, nachdem

Ritter Rudi die Brücke wieder hochgezogen und die Kette eingehakt hatte. „Aber ohne Ritter läuft es sich so schlecht." „Ich bitte Euch!", rief Ritter Rudi abwiegelnd. „Ich muss mich entschuldigen! Es tut mir sehr leid, dass ich dich im Schlafanzug empfange. Aber ohne Rüstung … Was soll man da machen?"

„Vielleicht eine kleine Anprobe", schlug Ignotus vor, der sich inzwischen mutig genähert hatte und die Rüstung nun neugierig beäugte. „Ein bisschen größer als Ritter Rudi seid Ihr ja schon."

„Oh, das macht überhaupt nichts", erwiderte die Rüstung. „Ich bin außerordentlich anpassungsfähig."

„Sehr schön!", freute sich Ritter Rudi.

„Bitte folge mir!"

Er schritt auf das Burgtor zu

und betrat den Rittersaal.

Die Rüstung sah sich überall um.

„Nun ja", meinte sie.

„Ein Burgfräulein kann man

hier nicht empfangen."

„Ist das denn nötig?", fragte Ritter Rudi.

„Natürlich", sagte die Rüstung.

„In jede Burg gehört ein Fräulein."

Ritter Rudi schüttelte unwillig den Kopf. Natürlich hätte er
sehr gerne etwas mehr Gesellschaft gehabt, aber auf ein
Burgfräulein war er nun wirklich nicht scharf. Bestimmt
hatte sie sehr besondere Vorstellungen, was das Leben auf
einer Burg betraf. Womöglich durfte Ritter Rudi dann
nicht einmal mehr bei seinem Esel im Verlies schlafen!
Ignotus war der treueste Freund, den er hatte, und auch
jetzt stand ihm der Esel bei.
„Alles schön der Reihe nach", sagte er. „Zunächst einmal
machen wir die Anprobe. Dann reiten wir in die Welt hinaus und suchen eine neue Burg für Ritter Rudi."

„Und unterwegs bestehen wir viele Abenteuer", fuhr die Rüstung eifrig fort. „Aber nur die, die nicht gefährlich sind", fügte sie hinzu.

„Nun ja …", wollte Ritter Rudi einwenden, aber Ignotus ging sofort dazwischen. „Zunächst die Anprobe", sagte er.

„Bitte sehr", sagte die Rüstung.

Sie nahm den Helm ab

und setzte ihn dem Esel auf den Kopf.

„Ich doch nicht!", rief Ignotus empört.

„Oder sollen wir etwa

auf Ritter Rudi reiten?"

„Aber nein", sagte die Rüstung.

„Auf gar keinen Fall!"

Unter lautem Quietschen und Knarzen klappte sie nun ihre Hinterseite auseinander, sodass Ritter Rudi bequem hineinsteigen konnte. Anschließend angelte er den Helm von Ignotus' Kopf und zog ihn über seinen eigenen.

Die Rüstung passte perfekt!

Das Abenteuer beginnt

Während Ritter Rudi in der Rüstung neben dem großen Tor stand und wartete, packte Ignotus noch rasch ein paar Dinge für die lange Reise zusammen: ein Schwert, das er nach längerer Suche im Küchenschrank fand, und einen Schild, der als Deckel über dem Plumpsklo gelegen hatte. Außerdem einen Bund Möhren, fünf Äpfel, etwas trockenes Brot und einen kleinen Sack voller Heu.

„Das Schwert nimmst du in die Hand", sagte Ignotus zu seinem Herrn.

Doch das fand Ritter Rudi viel zu unpraktisch. Er und die Rüstung legten Ignotus Zügel an und anschließend eine schwere Decke über seinen Rücken. Daran befestigten sie das Schwert, den Schild und den Reiseproviant. Als alles verstaut war, sank der Esel mit seinen Vorderbeinen in die Knie, damit sein Herr und die Rüstung besser aufsteigen konnten. Ritter Rudi fasste den Zügel und hob sein Bein.

„Nein!", rief die Rüstung.

„Das ist falsch rum!"

„Ist es nicht", sagte Ritter Rudi.

Ignotus wieherte ungeduldig.

„Doch", beharrte die Rüstung.

„Der Feind kommt immer von hinten."

„Sie hat recht", meinte der Esel.

„Besser, ihr schaut zurück.

Und ich gucke nach vorn."

Also stiegen Ritter Rudi und die Rüstung verkehrt herum auf Ignotus' Rücken und hielten sich an seinem Schwanz fest. Und dann marschierten sie los. Ignotus öffnete mit seinem Maul das Burgtor, spazierte über den Hof, ließ die Brücke herunter und trat auf den Weg hinaus. Der führte sie über einen Hügel. Dahinter wand er sich an einem Bach entlang und schließlich führte er wie eine schnurgerade Linie auf den Wald zu.

Kurz davor teilte sich der Weg in zwei schmale Pfade. Der eine führte geradewegs in den Wald hinein, der andere zog sich an dessen Rand entlang und verschwand schließlich hinter einem weiteren Hügel.

„Wo entlang?", fragte Ignotus.

„In den Wald hinein", sagte Ritter Rudi.

„Ohne mich!", rief die Rüstung.

„Hast du etwa Angst?", fragte der Esel.

„Unsinn!", entrüstete sich die Rüstung.

„Dann ist ja alles in bester Ordnung", freute sich Ritter Rudi und wies Ignotus an, den Weg durch den Wald zu nehmen. „Der ist bestimmt viel kürzer."

„Aber wir wissen doch gar nicht, wohin wir wollen", sagte die Rüstung.

„Der gerade Weg ist immer der kürzere", erwiderte Ritter Rudi.

„Vielleicht wird er im Wald ja noch kurvig", wandte die Rüstung ein. „Und wir verlieren unnötig Zeit."

„Papperlapapp!", rief Ritter Rudi. „Wir probieren ihn jetzt aus. Umdrehen können wir schließlich jederzeit."

Er klopfte Ignotus auf die Hinterbacken und der Esel setzte sich wieder in Bewegung. Gemächlich schritt er zwischen den Bäumen hindurch in den Wald hinein. Der Pfad war hier sehr schmal und führte sie geradewegs durch Büsche, Bäume und Farne auf dicht gewachsene dunkle Tannen zu, was Ritter Rudi und die Rüstung jedoch nicht sehen konnten, da sie ja verkehrt herum auf dem Esel saßen.

„Ach, wie herrlich das duftet!", rief Ritter Rudi und schloss genüsslich die Augen.

„He, was soll das?", rief die Rüstung.

„Wie soll ich denn so den Feind sehen?"

„Seit wann guckst du mit meinen Augen?",

erwiderte Ritter Rudi.

„Seitdem du in mir steckst",

sagte die Rüstung.

„Ich bin aber müde", meinte Ritter Rudi und gähnte. „Ich muss mich noch ein wenig ausruhen, bevor wir unser erstes Abenteuer bestehen."

„Ich habe keine Lust mehr auf Abenteuer", rief die Rüstung erschrocken. „Es wäre besser, du würdest dir bloß eine Burg suchen."

„Ja, denkst du etwa, dass die Burgen einfach in der Gegend herumstehen und darauf warten, dass wir einziehen?", entgegnete Ritter Rudi kopfschüttelnd. Er hatte die Rüstung wirklich für schlauer gehalten! „Eine fremde Burg muss man sich erobern. Aber keine Sorge, liebe Rüstung: Wir werden sie alle überrumpeln. Glücklicherweise sieht man es uns nämlich nicht an, dass wir in Wahrheit zu zweit sind."

„Und wenn wir es trotzdem nicht schaffen, die Burg zu erobern?", fragte die Rüstung.

„Dann suchen wir uns eben die nächste", sagte Ritter Rudi.

„Und was für Abenteuer willst du noch bestehen?", fragte die Rüstung.

„Jedes, das mir auf meiner Suche nach einer Burg begegnet, selbstverständlich", erklärte Ritter Rudi. „Und jetzt lass mich bitte ein wenig schlafen. Es scheint schon ganz dunkel um uns herum zu sein. Bestimmt bricht bald die Nacht herein."

„Das ist nicht die Nacht!", rief die Rüstung.

„Das ist ein stockfinsterer Tannenwald!"

„Dunkel ist dunkel", meinte Ritter Rudi nur.

Er wollte sich zurückbeugen und sich gegen Ignotus' Hals lehnen, doch die Rüstung machte sich so steif, dass Ritter Rudi nichts anderes übrig blieb, als aufrecht sitzen zu bleiben.

„Dann pass wenigstens auf, dass ich während des Schlafes nicht vom Esel falle", brummte er.

Bisher war ihm die Rüstung keine große Hilfe gewesen, und allmählich bereute er es, dass er sie überhaupt angezogen hatte. Unterdessen war Ignotus schon tief in den Tannenwald hineingelaufen. Es war so finster, dass er kaum von einem Baum zum nächsten gucken konnte. Vorsichtig setzte er einen Huf vor den anderen und achtete sorgsam darauf, nicht über eine Wurzel zu stolpern.

Rechts und links in den Tannen knackte es.

Ein Flattern war zu hören

und etwas Schwarzes schoss auf sie zu.

„Achtung!", rief Ignotus.

„Aufgepasst!"

Im selben Augenblick knallte etwas

gegen Ritter Rudis Helm.

„Aouuuh!", jaulte die Rüstung.

Sie kippte zur Seite,

rutschte vom Esel herunter

und landete scheppernd auf dem Boden.

Auf der Flucht

„Was war das?", flüsterte Ritter Rudi.

Er lag mit ausgestreckten Armen und Beinen auf dem Rücken. Das Visier seines Helmes war hochgeklappt. Über ihm waren nur der schwarze Himmel und die funkelnden Augen von Ignotus zu sehen.

„Steh auf!", zischte der Esel. „Wir müssen hier weg."

„Ohne mich!", sagte die Rüstung. „Ich rühre mich keinen Zentimeter mehr von der Stelle. Schon gar nicht auf dem Rücken eines Esels."

Plötzlich ertönte wieder das Knacken in den Tannen. Es kam von beiden Seiten und es war sehr viel lauter geworden.

„Ich war's!", rief etwas, das neben Ritter Rudis Kopf auf dem Boden lag.

„Wer?", fragte die Rüstung panisch. „Wer war was?"

„Ich", sagte die Stimme am Boden. „Ich bin versehentlich gegen deinen Helm geflogen."

So gut es in der vor Angst gelähmten Rüstung eben ging, wandte Ritter Rudi seinen Kopf zur Seite.

Da blitzten zwei Augen auf.

Sie waren leuchtend gelb

und hatten schmale schwarze Pupillen.

„Aahhh!", kreischte die Rüstung.

Sie wollte aufspringen, aber diesmal machte sich Ritter Rudi steif.

„Stell dich nicht so an!", zischte er. „Das ist doch nur eine Eule!"

„Nun ja", krächzte die Stimme neben ihnen. „Genau genommen bin ich ein Uhu. Mein Name ist Urx. Uhu Urx und ich habe euch eine wichtige Mitteilung … "

„Oh, Entschuldigung!", erwiderte Ritter Rudi. „Ich wollte dir wirklich nicht zu nahe treten!"

„Darf ich jetzt aufstehen?", fragte die Rüstung ungeduldig.

„Aber natürlich!", rief Uhu Urx. „Ich bitte sogar darum. Denn ich muss euch etwas sehr Wichtiges …"

Die Tannen rechts und links des Pfades knackten immer lauter.

Uhu Urx duckte sich. „Der Drache nähert sich", wisperte er unheilvoll.

„Der Drache?", quietschte die Rüstung. „Warum sagst du das denn nicht gleich?"

„Hab ich doch versucht", sagte Uhu Urx.

„Aber ihr wolltet es ja nicht hören."

„Und jetzt?", kreischte die Rüstung.

„Was machen wir jetzt?"

„Fliehen!", schrie Uhu Urx

und flatterte wie wild mit den Flügeln.

Die Rüstung wollte losrennen, doch Ritter Rudi hielt sich an Ignotus' struppiger Mähne fest.

„Wir reiten!", sagte er entschlossen. „Und zwar richtig herum."

„Ohne mich", sagte die Rüstung.

„Ich kann nicht mehr fliegen!", krächzte Uhu Urx panisch. „Mein Flügel ist gebrochen."

Plötzlich wurde die Dunkelheit hinter ihnen noch dunkler und dann tauchten zwei riesige rot glühende Augen über den Wipfeln der Tannen auf.

„Der Drache!", brüllte Ignotus.

Die Rüstung wurde ohnmächtig

und plumpste auf den Rücken des Esels.

Ignotus galoppierte los.

„Wartet!", kreischte Uhu Urx.

„Nehmt mich mit!"

Er riss seinen Schnabel weit auf

und biss sich

in Ignotus' Schwanzspitze fest.

Der Esel preschte mit seiner Last mitten in den dichten Tannenwald hinein. Ritter Rudi drohte von seinem Rücken herunterzurutschen. Verzweifelt krallte er seine Finger in der Satteldecke fest.

Zum Glück ließ die Rüstung sich nun, da sie ohnmächtig war, ziemlich leicht bewegen.

Hinter ihnen grollte ein gewaltiges Fauchen und das Knacken wurde lauter und lauter und folgte in immer kürzeren Abständen. Dann sah Ritter Rudi, wie eine große Tanne niedersauste und unmittelbar neben ihnen auf den Boden krachte.

„Iiiah!", schrie Ignotus und blieb wie angewurzelt stehen.

„Lauf weiter!", brüllte Ritter Rudi voller Angst.

Da krachte bereits die nächste Tanne herunter.

Romms!, machte es.

„Iiiah!", wieherte Ignotus.

Er raste los wie der Teufel

immer tiefer in die Dunkelheit hinein.

Romms! Romms! Romms!

Drei weitere Tannen sausten herunter.

Plötzlich schossen Flammen

über sie hinweg.

„Lauf!", brüllte Ritter Rudi.

„Lauf so schnell du kannst!"

Ignotus gab alles, was seine kurzen Beine hergaben. Und nun, da der Drache Flammen spie, war es um sie herum sogar angenehm hell geworden. Der Esel konnte den Pfad, der noch immer schnurgerade zwischen den Tannen hindurchführte, viel besser erkennen.

Doch dann fing einer der großen Bäume Feuer. Es zischte und britzelte und brodelte und im nächsten Moment donnerte die lichterloh brennende Tanne direkt vor Ignotus auf den Pfad.

Entsetzt stemmte sich der Esel in die Hufe und machte eine Vollbremsung.

Uhu Urx, der noch immer Ignotus' Schwanzspitze im Schnabel hielt, prallte kreischend gegen die Hinterschenkel des Esels. Ritter Rudi in seiner Rüstung rutschte mit einem Satz von Ignotus' Rücken herunter und landete scheppernd hinter Uhu Urx auf dem Waldboden.

Ritter Rudi stöhnte.

Die Rüstung stöhnte.

Uhu Urx fluchte

und Ignotus bäumte sich

laut wiehernd auf.

Ritter Rudis Arme und Beine schmerzten fürchterlich. Sein Kopf dröhnte so laut, als ob jemand mit einem Hammer gegen den Helm schlagen würde, und die Rüstung drückte in seine Rippen und seinen Bauch. Aber immerhin war sie durch den Sturz aus ihrer Ohnmacht erwacht.

„Könntest du bitte aufstehen?", raunte sie Ritter Rudi zu. „Neben uns steht ein riesiger Drache und ich würde gerne fliehen."

„Oh!", sagte Ritter Rudi erschrocken.

Ein Drache, der wirklich sehr, sehr groß und gruselig war, stellte eine durchaus ernst zu nehmende Angelegenheit dar. Dennoch …

„Ich kann nicht", wisperte Ritter Rudi. „Meine Beine, meine Arme … Ich glaube, ich habe mir sämtliche Knochen gebrochen."

„Ach was", raunte die Rüstung. „Lass es uns gemeinsam versuchen. Irgendwie halte ich dich schon zusammen."

Gesagt, getan!

Ritter Rudi biss die Zähne zusammen.

Er machte sich so leicht wie möglich.

Die Rüstung ächzte und quietschte.

Zusammen mit Ritter Rudi

rappelte sie sich auf.

„Gruaaach!", fauchte der Drache.

Er hatte einen sehr dicken Bauch

und sehr kurze Hinterpranken.

Doch seine Krallen waren lang und spitz

und seine roten Augen funkelten drohend.

In der Drachenhöhle

Ehe Ritter Rudi sich's versah, hatte der Drache ihn bereits gepackt und hochgehoben. Aus seinem riesigen Maul blitzten die Eckzähne hervor wie Säbelspitzen und Ritter Rudi konnte nun geradewegs in seine großen, runden Nüstern sehen.

„Bitte, lieber Drache!", rief er. „Brat mich nicht!"

Und auch die Rüstung flehte: „Wenn du mich zum Glühen bringst, wird Ritter Rudi schwarz gegrillt und ganz bestimmt vollkommen ungenießbar sein!"

Der Drache fauchte.

Aber er spuckte kein Feuer.

Stattdessen packte er den Esel Ignotus mit seiner anderen Pranke. Uhu Urx baumelte noch an dessen Schwanz.

„Lass los, du Dummkopf!", zischte Ignotus ihm zu. „Dich wird der Drache ganz sicher verschonen. Er hat keine Pranke mehr frei und außerdem sind Ritter Rudi und ich ihm bestimmt Beute genug."

„Aber mein Flügel ist gebrochen", jammerte Uhu Urx. „Ich kann sowieso nicht mehr fliegen. Glaubst du etwa, ich bleibe hier auf dem Waldboden liegen und warte darauf, dass mich ein Fuchs oder ein Marder verspeist? Nein, nein, ich komme mit. Vielleicht bin ich ja sogar noch zu etwas nütze."

Der Drache fauchte noch einmal, dann rannte er los. Mit seinen kräftigen Hinterläufen mähte er die Tannen rechts und links des Pfades mühelos nieder.

Kracks! Romms! Kracks! Romms!,

machte es.

Die Rüstung strampelte mit Ritter Rudis Beinen und Ritter Rudi hieb mit den Fäusten auf die Drachenpranke ein.

Den Drachen kümmerte es nicht.

Er rannte einfach weiter.

Kracks! Romms! Kracks! Romms!

Dann blieb er plötzlich stehen.

Vor ihnen war ein Felsen.

Und in dem Felsen klaffte

ein großes schwarzes Loch.

Eine Höhle!

Der Drache zog den Kopf ein und stapfte in die Höhle. Er ließ Ritter Rudi in der Rüstung, den Esel Ignotus und Uhu Urx einfach auf den harten Felsenstein fallen.
„Aouuua!", jaulten alle vier und wälzten sich stöhnend am Boden.

Der Drache brüllte und fauchte. Eine riesige Feuerfontäne schoss aus seinen Nüstern heraus und steckte einen mächtigen Haufen Holzscheite, der in der Mitte der Höhle aufgeschichtet war, in Brand. Er grunzte zufrieden. Dann warf er einen Blick auf seine Beute, drehte sich um und rollte einen großen Stein vor den Höhleneingang.

Ritter Rudi, die Rüstung, Esel Ignotus und Uhu Urx waren gefangen!

„Was sollen wir bloß tun?", jammerte die Rüstung. „Wir kommen hier doch niemals mehr lebend heraus."

„Du schon", erwiderte der Esel. „Ich kann mir jedenfalls nicht vorstellen, dass dieses Ungetüm von einem Drachen vorhat, sich an dir die Zähne auszubeißen."

„Meinst du wirklich?", fragte die Rüstung hoffnungsvoll.

„Ignotus hat recht", erwiderte Ritter Rudi. „Ich fürchte, der Drache wird mich aus dir herauspellen und mich mitsamt meinem Schlafanzug über dem Feuer rösten."

„Keine Sorge", brummte Ignotus. „Als Erstes bin ich dran. Soweit mir zu Ohren gekommen ist, lieben Drachen Eselsfleisch über alles."

„Und mich verspeist er bestimmt zum Nachtisch", uhute Uhu Urx.

Im Augenblick schien der Drache jedoch keinen Hunger zu haben. Er hockte sich dicht ans Feuer und hielt seine Pranken zum Wärmen darüber. Sein Gesicht nahm einen wohlig zufriedenen Ausdruck an.

„So kalt ist es da draußen ja nun auch wieder nicht", murmelte die Rüstung.

„Schsch!", mahnte Ritter Rudi. „Ich glaube, das ist eine gute Gelegenheit, darüber nachzudenken, wie wir hier wieder heil herauskommen."

„Das können wir vergessen", meinte Ignotus. „Solange deine Knochen und Uhu Urx' Flügel gebrochen sind, ist an Flucht kaum zu denken."

„Papperlapapp!", rief Ritter Rudi,

der kaum noch Schmerzen verspürte.

„Meine Knochen sind völlig in Ordnung.

Und die Eule können wir notfalls tragen."

„Ich bin keine Eule", sagte Uhu Urx empört.

„Ich bin ein Uhu."

„Ja, ja", erwiderte Ritter Rudi ungeduldig.

„Darauf kommt es jetzt nicht so genau an."

Uhu Urx riss den Schnabel zum Protest auf.

Er kam aber nicht zu Wort.

Denn plötzlich drang

aus einer dunklen Höhlenecke

ein leises Schluchzen zu ihnen herüber.

Fräulein Flitterbart

Ritter Rudi, der Esel Ignotus und Uhu Urx sahen sich an. Wer oder was, um Himmels willen, ist das? Diese Frage stand allen dreien ins Gesicht geschrieben.

„Klingt wie das zarte Schluchzen einer armen, von einem Drachen gefangen genommenen Prinzessin", meinte die Rüstung ein wenig angeberisch.

„Ich fürchte, du hast recht!", wisperte Ritter Rudi.

„Und ich fürchte, von nun an fürchtest du nur noch um das Leben jenes holden Mädchens", raunte die Rüstung.

„Papperlapapp!", rief Ritter Rudi. „Ich fürchte um unser aller Leben." Mit einem schwungvollen Handgriff zog er das Schwert aus der Scheide und fuchtelte drohend damit in der Luft herum. „Und ich schwöre bei allem, was ich besitze: Ich werde es bis aufs Blut verteidigen."

„Hmhm", räusperte sich der Esel. „Sollen wir nicht zunächst einmal nachschauen, wie es der Prinzessin geht?"

„Gute Idee!", rief Ritter Rudi und steckte das Schwert in die Scheide zurück.

„Ich werde nachsehen", schlug Uhu Urx vor. „Ich bin am wenigsten auffällig."

Ritter Rudi nickte. „Einverstanden."

Sollte der Drache dich bemerken, greife ich ihn sofort an", versprach er.

Und während Uhu Urx lautlos im Schatten der Höhlenwände in jene Ecke hüpfte, aus der das Schluchzen gekommen war, hielten Ritter Rudi, die Rüstung und Ignotus ihre Blicke unverwandt auf den Drachen gerichtet.

Der hockte immer noch vor dem brennenden Holzhaufen, wiegte seinen dicken runden Bauch hin und her und ließ sich genüsslich von den züngelnden Flammenspitzen das Kinn kraulen.

„Besonders schlau scheint er nicht zu sein", wisperte Ritter Rudi.

„Wir sollten ihn lieber nicht unterschätzen", wandte die Rüstung ängstlich ein. „Vielleicht tut er nur so."

„Das glaube ich nicht", erwiderte Ritter Rudi. „Hier in seiner Höhle fühlt er sich doch sicher. Warum sollte er da so tun, als ob er dumm wäre?"

Ignotus nickte. Offenbar war er genau der gleichen Ansicht wie sein Herr. „Trotzdem sollten wir vorsichtig sein", murmelte er.

„Natürlich …" Nachdenklich ließ Ritter Rudi seinen Blick in die Ecke wandern, in der Uhu Urx verschwunden war. Das Schluchzen war mittlerweile verklungen. „Hoffentlich hat er die Prinzessin nicht eingesperrt. In dem Fall müssten wir uns nämlich richtig was einfallen lassen."

„Klar hat er sie eingesperrt", sagte die Rüstung. „Sonst hätte er den Höhleneingang während seines Fortbleibens doch nicht unverschlossen gelassen."

„In der Tat", sagte der Esel.

„Da müsste der Drache

schon sehr, sehr dumm sein."

„Hm", machte Ritter Rudi.

Er musterte seinen löcherigen Schlafanzug.

Konnte er so einer Prinzessin

unter die Augen treten?

Immerhin war dies eine Notlage.

„Ich glaube, ich sehe mal nach,

wo Uhu Urx so lange bleibt",

sagte Ritter Rudi entschlossen.

Augenblicklich machte die Rüstung sich so steif wie ein Zinkeimer.

„Ohne mich", sagte sie entschieden. „Ich gehe kein Risiko ein. Ich bleibe hier."

„Feige Nuss", brummte Ignotus.

„Du bist wirklich eine tolle Rüstung", fand auch Ritter Rudi. „Wozu habe ich dich überhaupt mitgenommen, wenn du mich nicht schützen willst?"

„Ich konnte schließlich nicht wissen, dass du lebensmüde bist", entgegnete die Rüstung eingeschnappt. „Außerdem hast du ja noch den Schild und das Schwert."

„Ganz wie du meinst", sagte Ritter Rudi. „Würdest du mich dann bitte herauslassen?"

„Von mir aus", erwiderte die Rüstung. „Du musst ja wissen, was du tust."

Knarzend und quietschend öffnete sie die Scharniere am Rücken.

„Schsch!", mahnte Ignotus. „Der Drache hat zwar sehr kleine Ohren, taub ist er aber bestimmt nicht."

Er hatte es noch nicht ganz ausgesprochen, da öffnete der Drache eines seiner Augen und blinzelte zu ihnen herüber.

Ritter Rudi schluckte.

„He du!", rief er lächelnd.

Er zog eine Hand aus der Rüstung

und winkte dem Drachen zu.

„Alles in Ordnung.

Schlaf ruhig weiter!"

Der Drache grunzte.

Dann klappte er sein Auge wieder zu, reckte sein Kinn heraus und ließ sich weiter vom Feuer kitzeln.

„Er ist tatsächlich dümmer als das Stroh in unserem Schlafverlies daheim", murmelte Ignotus.

Ritter Rudi starrte seinen Esel an und plötzlich wurde ihm ganz wehmütig ums Herz. Wie sehr sehnte er sich danach, gemütlich neben Ignotus zu liegen und sich mal wieder so richtig auszuschlafen. Bereits der Gedanke daran machte ihn unendlich müde, und er hatte Mühe, ein Gähnen zu unterdrücken. Mit aller Macht riss er sich zusammen. Schließlich hatte er beschlossen, seine steifen Knochen in Bewegung zu bringen und sich eine schöne neue Burg zu suchen. Unter diesen Umständen musste er nun einmal gewisse Unannehmlichkeiten in Kauf nehmen.

„Also", sagte er.

„Ich geh dann mal."

Vorsichtig schlüpfte Ritter Rudi

aus der Rüstung.

Er nahm den Schild und das Schwert

aus Ignotus' Decke.

Dann tappte er leise im Schatten der Höhlenwände auf die Ecke zu, in der Uhu Urx verschwunden war. Der Drache bemerkte davon nichts. Schritt für Schritt tastete Ritter Rudi sich an der Wand entlang, und just in dem Moment, als er die dunkle Nische in der Ecke bemerkte, berührte etwas seine Schlafanzughose. Ritter Rudi zuckte zusammen. Tapfer unterdrückte er einen Aufschrei. Steif vor Angst richtete er den Blick nach unten. Direkt vor seinen Füßen hockte Uhu Urx und starrte mit großen gelben Augen zu ihm hinauf.

Ritter Rudi atmete erleichtert auf. Ohne ein einziges Wort mit ihm zu wechseln, drehte Uhu Urx sich um und hüpfte in die Nische zurück.

Ritter Rudi folgte ihm.

In der Nische war es weit weniger dunkel als in der Haupthöhle. Denn durch einen schmalen Spalt in der Felswand fiel inzwischen etwas Tageslicht herein. Auf dem Boden hockte ein Mädchen. Es hatte lange goldene Haare und große kakaobraune Augen. Sein hübsches rosafarbenes Spitzenkleid war schmutzig und zerrissen.

„Wer bist du?",

stieß Ritter Rudi leise hervor.

„Fräulein Flitterbart", wisperte Uhu Urx.

„Eine echte Prinzessin?", fragte Ritter Rudi.

Uhu Urx schüttelte den Kopf.

„Nein, ein edles Burgfräulein.

Der Drache hat sie vor einigen Tagen beim Blumenpflücken überwältigt und in seine Höhle geschleppt."

„Was?", rief Ritter Rudi. „Und er hat sie noch nicht aufgefressen?"

„Nein." Fräulein Flitterbart erhob sich und kam langsam auf ihn zu. „Er wollte nur meine Blumen. Mir tut er nichts."

„Ja, aber …", meinte Ritter Rudi, doch Fräulein Flitterbart ließ ihn nicht zu Wort kommen.

„Jeden Tag muss ich ihm einen neuen Strauß pflücken", erzählte sie. „Wenn er es nämlich selber versucht, verliert er wegen seiner kurzen Hinterpranken und dem dicken runden Bauch jedes Mal das Gleichgewicht und fällt auf die Nase. Doch der Drache liebt Blumen. Meine Sträuße verputzt er jedenfalls immer im Handumdrehen."

Der Blumentrick

Ritter Rudi starrte das Burgfräulein
verdattert an.

Er musste sich verhört haben!

„Dann will der Drache
uns gar nicht fressen?", stotterte er.

Fräulein Flitterbart zuckte die Schultern.

„Ich weiß es nicht", sagte sie leise.

„Von Blumen allein kann der Drache doch unmöglich so riesig groß geworden sein."

Ritter Rudi nickte und Uhu Urx sagte: „Das hat sie mir auch schon alles erzählt. Und ich fürchte, der Drache braucht hin und wieder eine richtige Mahlzeit", fuhr er fort. „Vielleicht will er Fräulein Flitterbart nur darum nicht fressen, damit er jemanden hat, der ihm Blumen pflücken kann."

„Und deshalb hat der Drache uns gefangen genommen", setzte Ritter Rudi unheilschwanger hinzu. „Weil er sich mal wieder richtig stärken muss."

„Ihr habt recht, edler Ritter!", wisperte Fräulein Flitterbart. „In der Zeit, in der ich hier in der Nische hocke, hat er bereits zweimal etwas mitgebracht und zum Braten über die Glut gehängt."

Ritter Rudi schluckte.

„Etwas mitgebracht?", stammelte er.

„Was denn?"

„Ein Wildschwein", sagte das Burgfräulein.

„Und einen Hirsch."

„Oh Gott!", rief Ritter Rudi.

Er schlug sich die Hände vors Gesicht.

„Der nächste Hirsch ist bestimmt ein Esel."

„Wir müssen uns etwas einfallen lassen", sagte Uhu Urx. „Und zwar schnell."

„Wir müssen hier raus", sagte Ritter Rudi.

„Vielleicht …", meldete sich Fräulein Flitterbart zaghaft zu Wort. „Also, alleine habe ich mich das nicht getraut … Aber vielleicht könntet Ihr …"

Ritter Rudis Arm schnellte in die Luft. Er wusste genau, was das Burgfräulein vorschlagen wollte. „Jawohl!", zischte er. „So machen wir es!"

Sachte hob er Uhu Urx auf seinen Arm und dann tappte er lautlos zu seinem Esel und der Rüstung zurück.

„Und?", fragte die. „Habt ihr etwas herausgefunden?"

Ritter Rudi nickte.

Flüsternd erzählte er den beiden von Fräulein Flitterbarts Schicksal.

„Und?", fragte die Rüstung abermals.

„Was machen wir jetzt?"

„Das ist doch wohl klar", schnaubte Ignotus.

„Wir warten."

„Worauf?", fragte die Rüstung.

Doch sie bekam keine Antwort.

Ritter Rudi, Ignotus und Uhu Urx blieben still im Schatten stehen und sahen gebannt zu dem Drachen hinüber. Die Holzscheite waren mittlerweile zur Hälfte heruntergebrannt, und die Flammen züngelten nun nicht mehr hoch genug, um ihn unter dem Kinn zu kitzeln.

Der Drache riss die Augen auf und stieß ein wütendes „Gruaaah!" aus. Dann blähte er seine Nüstern und pustete ins Feuer.

Feine Glutfunken stoben durch die Höhle. Eine dicke Rauchwolke stieg auf und schwärzte dem Drachen das Gesicht. Er jaulte auf und rieb sich den Ruß aus den Augen.

„So ein Idiot", wisperte Ignotus.

„Sei bloß still", raunte Ritter Rudi ihm zu. „Wenn du Pech hast, wird dieser Idiot dich als Erstes verspeisen."

Doch zum Glück schien der Drache sich nicht an seine Beute zu erinnern, sondern tat nun genau das, was Ritter Rudi sich erhofft hatte.

Er drehte sich um

und tapste zu Fräulein Flitterbart hinüber.

Er setzte das Burgfräulein auf seine Pranke,

rollte den Felsstein zur Seite

und verließ die Höhle.

„Juchuuu!", jubelte die Rüstung. „Wir sind frei."
„Klappe!", zischte der Esel. „Wenn du noch ein bisschen lauter schreist, kommt der Drache bestimmt sofort zurück. Mit pochendem Herzen starrten Ignotus, Ritter Rudi, Uhu Urx und die Rüstung auf den Höhlenausgang.

Der Drache kam nicht zurück.

Er und Fräulein Flitterbart blieben verschwunden. Und so nahm Ritter Rudi seinen ganzen Mut zusammen. Er drückte Uhu Urx sanft gegen seine Brust und hob schützend den Schild vor ihn. Mit der anderen Hand hielt er den Schwertgriff fest umfasst. Seite an Seite mit seinem Esel schlich er auf den Ausgang zu. Die Rüstung folgte ihnen in gebührendem Abstand.
Kurz vor dem Ausgang stoppte Ritter Rudi. Er hielt den Atem an und lauschte. Auch Ignotus spitzte die Ohren. Ritter und Esel sahen einander an.

Es war nichts zu hören.

Ritter Rudi reckte den Hals und spähte vorsichtig nach draußen.

Ein Grinsen huschte über sein Gesicht.
Der Drache saß ein Stück von
ihnen entfernt auf einer Wiese.
Fräulein Flitterbart pflückte Blumen.
Verzückt sah der Drache ihr dabei zu.
Er merkte nicht,
dass seine Beute gerade
aus der Höhle fliehen wollte.

Ein ungewöhnlicher Kampf

„Los, Beeilung!", wisperte Ritter Rudi. Er deutete auf den dunklen Tannenwald, der nun im hellen Sonnenlicht gar nicht mehr so unheimlich wirkte. „Wenn wir erst einmal dort drin sind, haben wir vielleicht eine Chance, dem Drachen zu entkommen."

Er hielt Uhu Urx ganz fest und rannte los. Ignotus und die Rüstung flitzten hinterher. Doch kurz nachdem sie in den Tannenwald hineingeschlüpft waren, stoppte Ritter Rudi.

Der Esel, der nicht so schnell anhalten konnte, prallte gegen seinen Hintern, und die Rüstung stolperte scheppernd über eine Baumwurzel.

„Das geht so nicht", sagte Ritter Rudi.

Uhu Urx, die Rüstung und Ignotus sahen ihn erstaunt an.

„Wir können Fräulein Flitterbart unmöglich alleine zurücklassen", sagte Ritter Rudi.

„Aber er tut ihr doch nichts", wandte Uhu Urx ein. „Sie soll nur die Blumen für ihn pflücken."

Ritter Rudi schüttelte den Kopf. „Ja, glaubst du denn, das macht sie glücklich?", erwiderte er. „Bestimmt hat sie schreckliche Sehnsucht nach ihrer Burg."

„Außerdem könnte der Drache sehr wütend werden, wenn er merkt, dass wir verschwunden sind", meinte Ignotus.

„Und dann frisst er Fräulein Flitterbart womöglich doch noch auf." Uhu Urx blickte nachdenklich zurück. „Ohne sie und ihre Blumen wären wir niemals aus der Höhle herausgekommen", sagte er.

„Genau!", rief Ritter Rudi.

„Und deshalb müssen wir sie

jetzt ebenfalls befreien!"

„Ohne mich", sagte die Rüstung.

Sie rappelte sich auf

und stapfte einfach weiter

in den Wald hinein.

Ritter Rudi aber, sein Esel und Uhu Urx drehten sich um und traten tapfer auf die Wiese hinaus.

Mittlerweile stand die Sonne hoch am Himmel. Der Drache hatte sich rücklings ins Gras fallen lassen und kaute mit geschlossenen Augen auf einer Margerite herum.

Fräulein Flitterbart hatte bereits einen dicken bunten Strauß Wiesenblumen gepflückt. Als sie Ritter Rudi, den Esel und den Uhu bemerkte, riss sie entsetzt den Mund auf. Ritter Rudi legte sofort den Finger an seine Lippen und mahnte sie, bloß keinen Schrei auszustoßen. Zweifelnd blickte er auf sein Schwert, das ganz sicher viel zu kurz war, um einen solch riesigen Drachen zu töten. Er sah sich um und versuchte, einen Plan zu fassen. Irgendwie mussten sie den Drachen überwältigen.

Bloß wie?

Ritter Rudi hatte keine Idee.

Er starrte das Burgfräulein an

und sie starrte zu ihm zurück.

Fräulein Flitterbart lächelte.

Sie war ganz rot im Gesicht.

Ritter Rudi lächelte ebenfalls,

seine Wangen fingen an zu glühen

und sein Herz pochte wild.

Fräulein Flitterbart hob den Blumenstrauß hoch in die Luft und schwenkte ihn lachend hin und her. Langsam kam sie auf Ritter Rudi zu. Dessen Wangen waren mittlerweile so rot wie reife Tomaten.

Plötzlich öffnete der Drache die Augen. Die Margerite verschwand in seinem Maul. Grummelnd setzte er sich auf und kratzte sich hinter den Ohren. Sein Blick fiel auf das Burgfräulein, das mit dem Blumenstrauß auf Ritter Rudi zurannte.

„Gruaaah!", gurgelte der Drache.

Er sprang auf die Hinterpranken.

Dann blähte er seine Nüstern.

Eine Feuerfontäne sauste

auf Fräulein Flitterbart zu.

Einen Augenblick später

brannte der Blumenstrauß lichterloh.

Vor Schreck ließ das Burgfräulein ihn fallen und rannte kreischend zum Tannenwald hinüber. Der Drache stapfte mit donnernden Riesenschritten hinter ihr her.
„Gruaaah!", brüllte er. „Gruaaah!"
Ritter Rudi klopfte das Herz bis zum Hals. Mit zitternden Fingern setzte er Uhu Urx auf Ignotus' Rücken. Er deutete auf einige Felssteine, die ein wenig abseits der Drachenhöhle aus dem Erdboden ragten.
„Geht dort in Deckung!", raunte er. „Und wenn ihr merkt, dass ich den Kampf verliere, dann seht zu, dass ihr der Rüstung folgt und durch den Tannenwald in unsere Burg zurücklauft."
Der Esel und Uhu Urx sahen Ritter Rudi entsetzt an.
„Du willst doch nicht etwa gegen dieses Ungetüm kämpfen?", krächzte Ignotus voller Angst.
„Ich muss!", sagte Ritter Rudi entschlossen. „Und wenn es das Letzte ist, was ich in meinem Leben tue."

Todesmutig schritt er

auf den wütenden Drachen zu.

Er stellte sich ihm mitten in den Weg.

Ritter Rudi hob sein Schild

und zog schwungvoll das Schwert

aus der Scheide.

Der Drache stutzte.

Mit einem Ruck blieb er stehen.

Ritter Rudi pikte ihm

die Schwertspitze in den Bauch.

Der Drache kicherte.

„Los, mach weiter!", riefen der Esel Ignotus und Uhu Urx, die inzwischen die Felssteine erreicht hatten.
Fräulein Flitterbart stand am Waldrand zwischen den Tannen und blickte wie gebannt zu Ritter Rudi und dem Drachen hinüber.
„Du musst ihn piksen!", rief Ignotus. „Ich glaube, er ist total kitzelig."
Ritter Rudi nickte.
Blitzschnell stach er die Schwertspitze in den Drachenbauch. Er pikste sie hierhin und dorthin, tänzelte auf seinen großen Füßen hin und her, drehte sich voller Übermut

einmal um sich selbst und stocherte dann auch noch auf
die Pranken des Drachen ein.

Der Drache kicherte und gluckste.

Er bog sich nach vorn und nach hinten.

Er schwankte bedrohlich.

Dann verdrehte er die Augen.

Mit einem lauten Rums stürzte er

nach vorne und begrub

Ritter Rudi unter sich.

Rettung aus dem Wald

Ignotus und Uhu Urx schrien entsetzt auf. Am lautesten aber schrie Fräulein Flitterbart. Sie sank auf die Knie und hob die Hände flehend zum Himmel. Aber alles Bitten und Beten nützte nichts, der Drache blieb ohnmächtig und Ritter Rudi unter ihm begraben.

Plötzlich ertönte aus dem Wald ein Scheppern und im nächsten Augenblick schoss die Rüstung hinter einem Baum hervor und rannte geradewegs auf den Drachen zu.

„Aufstehen!", brüllte sie, kniff den Drachen in den Bauch und zupfte ihn an den Ohren.

„Hör auf!", brüllte Ignotus. „Sonst lacht er noch mehr!"

„Mach das nicht!", rief Fräulein Flitterbart. „Wenn er aufwacht, ist er bestimmt mächtig wütend."

Aber die Rüstung ließ sich nicht beirren. Sie hüpfte neben dem Drachen auf und ab, dass es nur so klapperte. Sie zog ihn weiter an den Ohren, kitzelte ihn unter den Pranken und stocherte ihm schließlich, als all das nichts nützen wollte, mit einem langen Grashalm in der Nase herum.

„Ha… Ha… Ha…", machte der Drache.

Seine Nüstern blähten sich.

„… tschi!", donnerte es aus ihnen hervor.

Mit einem Satz war der Drache
auf den Beinen.

Wutschnaubend blickte er die Rüstung an.
Er hob seine Pranke und machte
einen großen Schritt auf sie zu.
„Aaah!", schrie die Rüstung und rannte los.

Ritter Rudi stöhnte. Mühsam rappelte er sich auf und hielt sich den dröhnenden Kopf. Sein ganzer Körper schmerzte. Im Gras vor ihm sah er sein Schwert liegen, und plötzlich erinnerte er sich, dass er gegen den Drachen gekämpft hatte. Er hob den Kopf und schaute sich um. Als Erstes sah Ritter Rudi den Drachen, der schnaubend über die Wiese raste, dann die Rüstung, die mit lautem Geschepper vor ihm floh. Doch der Drache war schneller. Nur noch wenige Schritte trennten ihn von der Rüstung.

Ritter Rudi musste etwas tun. Er musste der Rüstung helfen. Bloß wie? Mit seinem Schwert hatte er nichts gegen das Ungetüm ausrichten können. Das Einzige, womit man dem Drachen beikommen konnte, waren … Blumen!

Ritter Rudi vergaß

seine schmerzenden Knochen.

Hastig rupfte er ein paar Anemonen,

Margeriten und Butterblumen aus.

„Hier!", brüllte er. „Hier, Drache, hier!"

Er lief auf das Ungetüm zu.

Als der Drache ihn bemerkte, stutzte er. Er blieb stehen, kratzte sich am Kopf und starrte auf die Blumen, die Ritter Rudi ihm entgegenhielt. Die Rüstung stoppte ebenfalls und sah dankbar zu Ritter Rudi hinüber.

„Meine liebe Rüstung", murmelte der. „Ich wusste doch, dass ich mich auf dich verlassen kann." Ein warmes Gefühl durchflutete seine Brust.

Der Drache grunzte.

Er blickte Ritter Rudi

äußerst liebenswürdig an.

Dann riss er ihm die Blumen aus der Hand

und verspeiste sie.

Schnell pflückte Ritter Rudi ein paar neue.

Die Rüstung half ihm.

Fräulein Flitterbart hatte sich inzwischen wieder aufgerichtet. Sie rannte zu Ritter Rudi, der Rüstung und dem Drachen und rupfte ebenfalls hastig Blumen aus.

„Er ist gar nicht bösartig!", rief sie aufgeregt. „Wenn man ihm Blumen gibt, freut er sich und tut einem nichts zuleide."

„Ja, aber wollt Ihr denn für immer bei ihm bleiben?", fragte Ritter Rudi.

„Nein", erwiderte das Burgfräulein. „Aber heim zu meinem Vater möchte ich auch nicht. Dort ist es mir zu langweilig."

„Oh", sagte Ritter Rudi.

Er konnte das Burgfräulein

so gut verstehen.

Denn ihm war schließlich auch

immer langweilig gewesen.

„Ich heiße übrigens Florentine",

flüsterte Fräulein Flitterbart.

„Was für ein hübscher Name!",

rief Ritter Rudi

und verdrehte verzückt die Augen.

Eine Burg für alle

Der Drache näherte sich den beiden und fraß Florentine Flitterbart die Blumen, die sie gepflückt hatte, vorsichtig aus der Hand. Dann warf er sich vor der Rüstung ins Gras und ließ sich von ihr weiterfüttern. Schmatzend und grunzend vertilgte er eine Butterblume und eine Margerite nach der anderen. Schließlich rülpste er laut, schloss die Augen und fing an zu schnarchen.

Ritter Rudi sah zu ihm hin und dachte wehmütig an sein Zuhause. Er hatte nun schon so viele Stunden nicht geschlafen und war schrecklich müde.

„Wir reiten jetzt zu Eurem Vater", sagte er zu Florentine Flitterbart. „Dort werde ich um Eure Hand anhalten." Er stockte und blickte verlegen zu Boden. „Das heißt, natürlich nur, wenn Ihr nichts dagegen habt."

Florentine Flitterbart hatte nichts dagegen.

Sie nahm Uhu Urx auf den Arm

und setzte sich auf Ignotus' Rücken.

Ritter Rudi schüttelte der Rüstung die Hand.

„Du bist der beste Freund, den ich je hatte",

sagte er stolz.

„Außer meinem Esel natürlich."

Vor lauter Rührung lief die Rüstung glutrot an.

Sie öffnete ihre Scharniere, damit Ritter Rudi in sie hinein-
schlüpfen konnte.

„Von nun an kämpfen wir immer zusammen", sagten Ritter
Rudi und die Rüstung wie aus einem Munde.

Danach sammelte Ritter Rudi seinen Schild und das
Schwert ein und schritt in der Rüstung mutig voran. Der
Esel Ignotus folgte ihnen. Uhu Urx lugte über Florentine
Flitterbarts Schulter und behielt gähnend den Rückraum
im Auge.

Sie durchquerten den Wald und erreichten schon bald die
Burg Flitterbart. Es war eine sehr große Burg, die von einem sehr tiefen Graben und einer ebenso hohen Mauer
umgeben war.

Florentine Flitterbart winkte

den Wachen zu.

Sie winkten zurück

und bliesen in ihre Fanfaren.

Die Zugbrücke wurde heruntergelassen

und Ritter Rudi in seiner Rüstung,

Florentine Flitterbart,

Ignotus und Uhu Urx

traten in den Burghof.

Sie wurden freudig empfangen.

Florentines Vater, Felixus Flitterbart, vergoss tausend Tränen, weil er seine Tochter zurückbekommen hatte. Er dankte Ritter Rudi herzlich dafür, dass er sie aus den Fängen des Drachens gerettet hatte.

„Zum Dank dafür gebe ich sie dir zur Frau", sagte Felixus Flitterbart. Er war zutiefst bewegt über seine eigene Großzügigkeit und vergoss weitere tausend Tränen.

Nachdem er sie getrocknet hatte, wurde ein köstliches Mittagsmahl aufgetischt. Ritter Rudi und Florentine Flitterbart stärkten sich mit Rehbraten, Kartoffeln und Brombeersaft. Ignotus bekam einen Trog voller Hafer und einen Eimer frisches, kühles Wasser und die Rüstung wurde sorgfältig geölt und poliert. Und während sie alle fröhlich schmausten, brachte man Uhu Urx zum Burgdoktor. Der untersuchte seinen gebrochenen Flügel und legte ihm eine Schiene aus Weidenzweigen an.

„Ihr dürft dem Drachen nichts antun",
bat Florentine ihren Vater zum Abschied.
„Ihr müsst ihm Blumen bringen.
Dann freut er sich und lässt euch in Ruhe."

Felixus Flitterbart versprach hoch und heilig, diese wunderbare Empfehlung sofort im ganzen Land verbreiten zu lassen.

Er umarmte Ritter Rudi, die Rüstung, den Esel und seine Tochter. Anschließend ließ er sich ein großes Taschentuch bringen und vergoss weitere tausend Tränen.

„Vielleicht sollten wir doch lieber hier auf der Burg bleiben", meinte Ritter Rudi zerknirscht. „Groß genug wäre sie ja …"

„Aber nein!", rief Felixus Flitterbart. „Florentine hat lange genug bei mir gelebt. Sucht euch eure eigene Burg und werdet glücklich." Plötzlich lachte er, nahm Ritter Rudis Gesicht in seine Hände und küsste ihn auf die Nase. „Bessere Gefährten als dich, deine Rüstung und deinen Esel kann ich mir für meine Tochter gar nicht vorstellen." Er gab Ritter Rudi frei und breitete die Arme aus. „Es gibt so viele Menschen hier. Ich werde also ganz bestimmt nicht einsam sein."

„Außerdem kommen wir
dich besuchen, Vater",
sagte Florentine.
Sie stieg auf Ignotus' Rücken
und der kleine Tross setzte
sich in Bewegung.
Felixus Flitterbart winkte ihnen
mit dem nassen Taschentuch hinterher.

Uhu Urx, der auf Florentines Schulter saß, blickte zurück.
„Ich werde auf sie alle achtgeben!", kreischte er.
„Oh, du bist doch hoffentlich nicht beleidigt, weil mein
Vater dich nicht umarmt hat!", rief Florentine Flitterbart.
„Er hat es nämlich nur deshalb nicht getan, weil er deinen
Flügel nicht einquetschen wollte."
„Ach so", krächzte Uhu Urx fröhlich. „Das ist aber wirklich
sehr rücksichtsvoll von ihm!"
Ritter Rudi marschierte in seiner Rüstung voran. Er und
seine kleine Gesellschaft zogen durch den Wald, der nun
gar nicht mehr so finster war.
Nachdem sie ihn verlassen hatten, schlängelte sich der Weg
an einem Bach entlang und führte sie schließlich über einen Hügel.

Im Tal dahinter stand eine Burg.

Sie war sehr einsam und sehr hübsch

und sie kam Ritter Rudi

irgendwie bekannt vor.

„Hier ist es schön", sagte er.

„Hier möchte ich mit euch wohnen."

Sie eilten den Hügel hinunter und schritten über die heruntergelassene Zugbrücke in den Innenhof der Burg.
„Von nun an werde ich hier Wache halten", sagte die Rüstung. Sie klappte ihre Scharniere auf und ließ Ritter Rudi heraustreten. Anschließend zog sie die Brücke hoch und hakte die Kette ein.
Ritter Rudi, Esel Ignotus, Uhu Urx und Florentine traten in den Rittersaal.

„Oje!", rief Ritter Rudi.

„Hier ist es aber staubig.

Bestimmt hat hier schon lange

keiner mehr gewohnt!"

„Das macht nichts", sagte Florentine.

„Morgen machen wir es gemeinsam sauber."

„Ich fange die Mäuse!", rief Uhu Urx.

„Und wenn mein Flügel wieder in Ordnung ist, flattere ich die Spinnenweben von den Wandleuchtern.“
Ritter Rudi legte seinen Arm um Florentines Schulter. „Ich werde für uns kochen“, sagte er.
„Und ich pflücke Blumen und nähe dir ein schönes Hemd und eine neue Hose“, erwiderte Florentine zärtlich.
„Und was ist mit mir?“, rief Ignotus. „Bin ich etwa gar nicht mehr wichtig?“

„Aber natürlich!“

Florentine tätschelte ihm den Hals.

„Du kommst ins Burgverlies.“

Der Esel sah sie entsetzt an.

Florentine lächelte.

„Dort bauen wir uns ein schönes Heubett“,

sagte sie.

„Und dann kuscheln wir alle miteinander.“

Ritter Rudi war überglücklich. Sofort rannte er ins Verlies hinunter und schichtete dort frisches Heu auf. Esel Ignotus schlief wie immer auf dem Rücken. Uhu Urx setzte sich auf seinen rechten hinteren Huf und versprach, sie alle rechtzeitig zum Saubermachen zu wecken.
Florentine gab Ritter Rudi einen langen Kuss.

„Ich habe mir schon immer gewünscht, die Nächte in einem Verlies zu verbringen", gestand sie ihm.

Arm in Arm schliefen sie ein.

Nie wieder drehte sich

Ritter Rudi auf den Bauch.

Nie wieder schnarchte er.

Und nie wieder gab es

langweilige Sonntage.

Patricia Schröder

Patricia Schröder, 1960 im Weserland geboren, wuchs in Düsseldorf auf, studierte Textildesign und arbeitete einige Jahre in diesem Beruf. Als ihre Kinder zur Welt kamen, zog sie in den Norden zurück. Dort ließ sie sich mit ihrer Familie und einer Handvoll Tieren auf einer kleinen Warft nieder und fing an, sich Geschichten auszudenken. Patricia Schröder liegt besonders die Leseförderung am Herzen. Sie hat das Konzept „Erst ich ein Stück, dann du" entwickelt, um bei Kindern über das gemeinsame Lesen den Spaß an Büchern und Geschichten zu wecken.

Von Patricia Schröder sind in der Reihe „Erst ich ein Stück, dann du" folgende Bücher erschienen:

Ein Drachenfreund für Linus (17831)
Leo und das Mutmach-Training (17946)
Mirella und das Nixen-Geheimnis (17830)
Rivalen auf dem Fußballplatz (17833)
Sophie im Land der Zauberponys (17834)
Linus und der Drachen-Wettkampf (15341)
Leni & Lotti – Ferien auf dem Ponyhof (17945)
Nanuk – Ein kleiner Eisbär findet Freunde (17947)
Mia & Maxie – Beste Freundinnen halten zusammen (15734)
Lena und Tim – Abenteuerferien auf dem Hausboot (15735)
Nellies großer Auftritt (17377)
Muckel, das magische Kaninchen (17134)
Flaffy Flitzekeks – Ein Gespenst sorgt für Wirbel (17378)
3 Fußballgeschichten (15344)
3 Nixengeschichten (15948)
Klassiker für Kinder – Das Dschungelbuch (15345)
Klassiker für Kinder – Pinocchio (15346)
Die schönsten Kinderbuchklassiker – 3 Bände im Schuber (17224)
Jakob und die Weltraumkicker (17380)
Fibo – kleiner Fuchs, großer Held (17766)

Gemeinsam Lesen – Das Original

Patricia Schröder
Ein Drachenfreund für Linus
8 Seiten, ISBN 978-3-570-17831-7

Patricia Schröder
Eine Burg für Ritter Rudi
88 Seiten, ISBN 978-3-570-17832-4

Patricia Schröder
Rivalen auf dem Fußballplatz
88 Seiten, ISBN 978-3-570-17833-1

Patricia Schröder
Sophie im Land
der Zauberponys
8 Seiten, ISBN 978-3-570-17834-8

Patricia Schröder
Mirella und
das Nixen-Geheimnis
88 Seiten, ISBN 978-3-570-17890-4

Jan Andersen
Dusty –
Gut gebellt, kleiner Hund!
88 Seiten, ISBN 978-3-570-17879-9

www.cbj-verlag.de